RUST IN JE Hoofd

ANNA BARNES

Een uitgave van DE LANTAARN

Oorspronkelijke titel: How to quieten your mind

Oorspronkelijk uitgegeven door Summersdale Publishers Ltd

Tekst: Anna Barnes
Afbeeldingen: Shutterstock

Vertaling: Ingrid Hadders/Vitataal
Redactie en productie: Vitataal
Opmaak: Interface Communicatie, Ede

ISBN 978-94-6354-239-5
NUR 450

www.lantaarnpublishers.nl

Inhoud

INLEIDING

Ons leven tegenwoordig is vreselijk druk. Je loopt jezelf voorbij op school, je studie of je werk, en de tijd die je met familie en vrienden kunt doorbrengen is zeer beperkt. Er is zoveel te doen, van alles te regelen en zoveel mensen die je wilt zien en spreken. Druk zijn gaat gepaard met geluid, lawaai en heel veel onrust in je hoofd. Als je hersens voortdurend op volle toeren draaien, kan dat je enorm afleiden, vooral als je gedachten worden beheerst door zorgen en angsten. En veel mensen hebben daar last van. Lawaai in je hoofd kan nadelige gevolgen hebben voor jou en je levenslust en je ware zelf volledig overstemmen. In dit boek krijg je tips en leer je hoe je luistert naar je eigen gedachten, hoe je de minder zinvolle kunt negeren en hoe je je innerlijke monoloog tot bedaren kunt brengen.

Wanneer je 's ochtends wakker wordt, bedenk dan hoe kostbaar het is dat je leeft – dat je ademt, denkt, geniet, bemint.

Marcus Aurelius

ELKE DAG
EEN KLEIN
BEETJE RUST

OEFEN DANKBAARHEID

Neem een paar minuten de tijd om na te denken over de dingen in je leven waarvoor je dankbaar bent; waardeer de simpele dingen die je misschien te vanzelfsprekend vindt. Wees dankbaar dat je een dak boven je hoofd hebt, dat je een koelkast vol eten hebt en dat je 's nachts in een bed mag slapen en de volgende morgen een kopje thee kunt drinken. Kijk met een frisse blik naar de dingen waarvoor je zo vaak vergeet dankbaar te zijn; koester de zon op je gezicht en het water dat je mag drinken en voor een warme douche mag gebruiken. Misschien heb je een huisdier dat je troost en liefde geeft of familie die van je houdt. Noteer de dingen waarvoor je dankbaar bent in een notitieboekje dat je altijd bij de hand hebt. Sla dat boekje open en lees wat je eerder hebt geschreven wanneer je je minder goed voelt. Door te beseffen hoe gezegend je bent kun je een hoofd vol zorgen vaak tot rust brengen.

DE OVERIGE 23 UUR EN 45 MINUTEN VAN EEN DAG BEN IK EEN MENS DAT ZICH PROBEERT STAANDE TE HOUDEN.

Ellen DeGeneres

ZORGEN ZIJN VOOR LATER

Door elke dag een beperkte tijd te besteden aan de dingen die je dwars zitten, blijk je je problemen als minder groot te ervaren. Geef jezelf elke dag tien minuten om je zorgen te maken en denk actief na over een oplossing – de rest van de dag breng je door zonder zorgen.

KIES VOOR STILTE

Ervaar op een dag zoveel mogelijk stilte. Weersta de verleiding steeds weer oortjes in te doen en de radio aan te zetten bij je dagelijkse bezigheden. Stimuleer rust en vredigheid, en neem dat ook over.

STEL PRIORITEITEN

Niet alles hoeft vandaag te gebeuren. En al helemaal niet als dat zou betekenen dat je je taken minder goed zou doen. Bedenk welke taken essentieel zijn en maak een to-dolijst. Kun je een van de dingen die je deze week wilde doen misschien in het weekend afhandelen? Of kun je een grote taak over meerdere dagen uitsmeren zodat je scherp en fris blijft?

LEREN STIL TE ZIJN,
ECHT STIL TE ZIJN
EN HET LEVEN
LATEN
GEBEUREN;

DIE STILTE ZAL JE
DOEN STRALEN.

Morgan Freeman

LEKKER SLAPEN

Wanneer het tijd is om naar bed te gaan, zorg dan dat je slaapkamer zo donker mogelijk is. Doe alle lichten uit, zorg dat je niet gestoord wordt door het schijnsel van je apparaten en als je een elektrische wekker hebt, zet het display dan op de minst heldere stand. Wanneer je lekker warm in je bed ligt, negeer dan het geklets in je hoofd. Concentreer je op je hartslag en je ademhaling; probeer ze te vertragen als je angstig en paniekerig bent. Als je je gedachten niet kunt negeren, probeer dan aan iets anders te denken: waarvan zou je willen dromen? Concentreer je op plezierige gedachten. Het kan een paar dagen duren voor je er handigheid in krijgt, maar je hersens zijn snelle leerlingen.

DE STEKKER ERUIT

Beleef een dag zonder technologie. Berg je apparaten op en ga een dag terug naar de basis door je creatieve vaardigheden aan te spreken.

Ga een paar uur tekenen, schilderen, knippen of plakken. Je hoofd profiteert van de rust die er heerst wanneer je niet voortdurend door mobieltjes en computers wordt gestoord.

RUST
EN
KALMTE
LIGGEN
VOOR
HET
GRIJPEN

OMARM DE STILTE

Ga gewoon stil zitten of stil liggen. Wees simpelweg stil. Probeer het eerst een minuut, daarna twee, dan drie. Doe dit elke dag tot je tien minuten volledig stil kunt liggen. Focus op wat je maar wilt of op helemaal niets en geniet van de mentale kalmte die deze oefening je brengt.

DE AARDE HEEFT MUZIEK VOOR WIE HET HOREN WIL.

George Santayana

ZING!

Zing zo hard als je kunt een vrolijk lied. Voor een groot publiek of voor jezelf – het maakt niet uit. Ga erbij dansen en concentreer je op de tekst die je bulderend zingt. Als je dat 's morgens meteen na het opstaan doet, zet je daarmee de toon voor de hele dag.

VERTROUW OP DE MAGIE VAN DE NATUUR

Tijd doorbrengen in de natuur werkt niet alleen opbeurend, het is ook nog eens goed voor je fysieke gezondheid. ‘Bosbaden’, oftewel regelmatig tussen de bomen zijn, kan je hartslag en je bloeddruk verlagen, stress verminderen, je immuunsysteem

versterken, concentratie en energie verbeteren, en de kwaliteit van je slaap vergroten. Ga daarom zo vaak je kunt naar buiten en wees één met de natuur; laat de natuur je een goed gevoel geven. Een boswandeling zal je ontzettend goed doen en geeft je de tijd om over problemen na te denken. Bovendien is deze magische vorm van therapie gratis.

EET GOED

Zorg voor uitgebalanceerde voeding. Als jij niet goed voor je lichaam zorgt, zal je geest daaronder lijden – dat is immers ook een deel van je lichaam. Als je geneigd bent ongezonde dingen te eten, denk dan eens aan alles wat je op een dag in je mond stopt; bedenk hoe je gezonder en beter kunt eten en hoe je minder gezonde dingen kunt laten staan. Neem minder

kant-en-klare producten en drankjes met veel suiker en vervang die door groente en fruit. Als je een vleeseter bent, eet dan minder vlees en bereid het op een andere manier: gril bijvoorbeeld kip in plaats van het te bakken. Je zult al snel merken dat deze veranderingen effect hebben; je voelt je helderder, frisser en energieker, en je interesse in de wereld om je heen zal groter zijn.

MAAK WAT VAN JE MAALTIJDEN

Tijd besteden aan een ontbijt, lunch en warme maaltijd die gezond en vullend zijn, helpt je focussen en is op allerlei manieren goed voor je. Wat is er nu fijner dan een heerlijke, gezonde maaltijd die je helemaal zelf hebt bereid?

KOESTER JE MAALTIJDEN

Neem de tijd voor een maaltijd. Haast je niet; dit zijn belangrijke momenten. Benader elke maaltijd als een ritueel: gun jezelf de tijd om te ontspannen en genieten. Denk na bij wat je doet: eet langzaam en wees je bewust van de smaken van elke hap die je neemt.

Goed eten

voor jezelf

RUST IN HUIS

STEL JE HERSENS IN

Erken waar je bent en stel je hersens daarop in. Als je thuis bent, hoor je ontspannen te zijn. Als je op de sportschool bent, hoor je je energiek te voelen. Als je aan het werk bent, hoor je productief en gefocust te zijn. Neem in de loop van de dag steeds even de tijd om je hersens in te stellen op je omgeving.

GEEF JE HUIS EEN FACELIFT

Richt je huis opnieuw in. Dat betekent niet dat je je keuken en je badkamer moet vervangen of dat je nieuwe meubels moet aanschaffen; maar kijk gewoon eens met een open blik naar je huis. Wanneer je thuiskomt, voel je je dan uitgerust, gelukkig en veilig? Of voelt je huis juist rommelig en klein aan? Je moet kunnen ontspannen zodra je je deur opendoet. Als dat niet het geval is, verander je huis dan in een plek waar je kunt genieten en rust vindt. Als je weinig kunt doen, ruim dan in elk geval oude troep op en zet een vaas met bloemen neer. Indien mogelijk kun je een grotere verandering bewerkstelligen door je ruimte praktischer, georganiseerder en frisser in te richten, muren of meubels te verven, frisse heldere kleuren te gebruiken – zoals wit en pasteltinten – en licht binnen te laten.

De mooiste dingen op aarde kun je niet zien of aanraken; die voel je in je hart.

Helen Keller

SPELLETJES DOEN

Speel een bordspel of een videospel met vrienden. Je geest focust op opdrachten die direct beloningen opleveren. Samen met vrienden iets doen is qualitytime – je krijgt er energie van en beleeft waarschijnlijk een heleboel lol!

BEVESTIGINGEN

Schrijf enkele krachtige bevestigingen of je favoriete positieve citaten op en hang die op plekken waar je ze vaak tegen zult komen, zoals op het toilet, op de spiegel in de badkamer of op de koelkast. Herhaal deze woorden voor jezelf wanneer je ze ziet en wanneer je het gevoel hebt dat je gedachten op hol slaan, zodat je je kunt concentreren op de rustgevende, krachtige betekenis van die woorden. Kies bijvoorbeeld een paar citaten uit dit boek of een stukje uit een favoriet boek.

Stilte

is

luxe

ONDERSTEBOVEN

Zoek wanneer je thuiskomt een rustig plekje waar je op de grond kunt liggen. Ga met je billen tegen de muur liggen en leg 10 tot 15 minuten lang je benen omhoog tegen de muur. Dit is vooral prettig als je de hele dag zit. Ontspan je lichaam en laat extra bloed naar je hoofd stromen zodat er geen plaats meer is voor drukke gedachten.

JE HEILIGE PLEK IS WAAR JE JEZELF STEEDS WEER KUNT VINDEN.

Joseph Campbell

MAAK GROTE KLUSSEN KLEIN

Klusjes in het huishouden moeten nu eenmaal gebeuren, maar zijn zeker niet altijd leuk. Soms leggen we onszelf druk op en paniekeren we door te denken aan ál die dingen die we nog moeten doen: de badkamer, de keuken, stofzuigen, de was, de afwas... Maar waarom zou je die taken niet kleiner maken en elke dag iets kleins doen? Dat is beter dan dingen laten liggen, zodat ze steeds groter en vervelender worden. Als je bijvoorbeeld de badkamer moet schoonmaken, bedenk dan eens hoe je dat normaal gesproken aanpakt. Zijn er zaken die je minder vaak hoeft te doen dan andere? Zorg dat er altijd een fles schoonmaakmiddel en een verpakking schoonmaakdoekjes in de badkamer ligt en neem het toilet en de wastafel geregeld even af. 'De badkamer schoonmaken' klinkt al een stuk minder erg als je weet dat een deel van de taken al gedaan is. Vereenvoudig je gewoontes en ga op zoek naar snelle schoonmaaktips, zodat je tijd overhoudt voor leukere dingen.

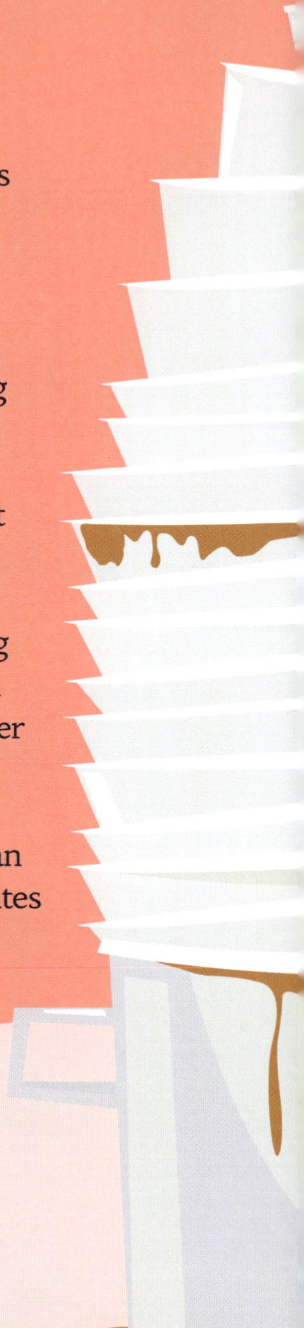

GENIET VAN TIJD ALLEEN

Leer genieten van tijd in je eentje. Wees niet bang voor je eigen gezelschap. Breng regelmatig tijd in je eentje door – trakteer jezelf op een etentje, een film of een wandeling in het park. Of gewoon lekker een avond alleen op de bank voor de tv. Je bent hartstikke leuk gezelschap, dus profiteer daarvan.

JE CREËERT JEZELF VOORTDUREND

LEKKER LANG BADDEREN

Verwen jezelf wanneer je je de volgende keer wast: doe al die dingen die je normaal voor 'speciale gelegenheden' reserveert. Zet een paar geurkaarsen neer of dim het licht en zet een ontspannend muziekje op. Gebruik een bruisbal, speciale douchegel of een gezichtsmaskertje. Als je het prettig vindt, kun je scheren, scrubben en moisturizen. Neem de tijd, geniet van het warme water op je huid en ontspan je spieren. Word weer één met je lijf.

Een stilte met jou is geen stilte, maar een moment van ultieme rust.

Leonard Nimoy

ERKEN DE KLEINE SUCCESJES

De kleine dingen die we dagelijks doen en die ons leven gemakkelijker maken, vallen vaak niet op. Complimenteer jezelf met de kleine taken die je elke dag volbrengt: het bed opmaken, een gezonde lunch bereiden, tijd voor jezelf vrijmaken, enzovoort. Je voelt je in no time geslaagd en productief.

Onze grootste ervaringen zijn onze rustigste momenten.

Friedrich Nietzsche

Ruimte
KOMT MET
rust

MAAK VAN JE SLAAPKAMER EEN HEILIGDOM

Bekijk eens kritisch hoe jij je elke avond klaarmaakt om naar bed te gaan. Hoe laat kruip je er meestal in en hoe voel je je in de slaapkamer? Ga op een verstandig tijdstip naar bed: door elke nacht acht uur te slapen voel je je veel beter, dus als je om zeven uur moet opstaan is het niet slim pas na middernacht naar bed te gaan. Als je moeilijk in slaap valt, kan dat zijn doordat je je slaapkamer met andere activiteiten associeert. Laat al je elektronica in de woonkamer liggen, laat je wekken door een wekker in plaats van je telefoon, en ontwikkel een bedtijdritueel om je voor te bereiden op de nacht.

Je slaapkamer moet ontspannen en rustig aanvoelen. Doe in je slaapkamer niets anders dan slapen, houd alle andere invloeden buiten de deur en beperk die tot de andere delen van je huis. Je zult al snel fijner slapen en dromen.

KALMTE IS EEN SUPERKRACHT

RUSTIGER EMOTIES

WEET WAT JE WAARD BENT

Iedereen is wel eens gestrest en voelt zich ondergewaardeerd. Neem daarom af en toe de tijd om te erkennen wat jij allemaal doet voor anderen. Als je het gevoel hebt te veel hooi op je vork te hebben genomen, doe dan gerust een stapje terug. Zeg nee tegen die extra klussen op kantoor en ga niet babysitten voor je vriendin als je er eigenlijk geen tijd voor hebt. Als je wel tevreden bent over je werk maar vindt dat je inzet onvoldoende wordt gewaardeerd, kaart dat dan aan bij je baas – misschien zorgt een loonsverhoging of een promotie ervoor dat je wél tevreden bent?

Blijf altijd in **jezelf** geloven

GROTE SCHOONMAAK IN SOCIALE MEDIA

Als je actief bent op sociale media, bedenk dan eens waarvoor je het gebruikt. Ontvolg de accounts die je geen prettig gevoel geven en ga op zoek naar positieve accounts die inspiratie, vriendelijkheid en vreugde verspreiden. Controleer je instellingen en kijk of je ongewenste invloeden en reclames kunt blokkeren. Geef prioriteit aan mensen en accounts die je blij maken.

HOUD EEN DIGITALE SCHOONMAAK

Verwijder alle apps die je niet (meer) gebruikt of die je niet gelukkig maken. Zet alleen de echt belangrijke notificaties aan en denk eens kritisch na over wat deze apps je brengen. Overlaad jezelf niet met onnodig nieuws of updates van vrienden. Beperk je tot de zaken waar je echt iets aan hebt.

Doe die dingen waar je

gelukkig van wordt

BERG JE ZORGEN OP

Neem een kistje of een grote glazen pot. Wanneer het je te veel wordt, schrijf je je zorgen en angsten op een papiertje dat je in het kistje of de pot stopt. Door op te schrijven wat je dwars zit, kun je de last misschien een beetje verlichten en lijken problemen hopelijk minder onoverkomelijk. Wanneer je het kistje of de pot vult, probeer dan ook werkelijk te voelen dat je je zorgen weg doet – ze zijn niet meer van jou. Open het kistje of de pot alleen om er nieuwe zorgen in te stoppen. Besef dat alle negatieve gedachten op een aparte plek weggestopt zijn en dat je hoofd daardoor leeg mag voelen.

DETOX VOOR JE SOCIALE LEVEN

Schrap de negatieve invloeden in je leven. Als er iemand is die je vaak ellendig laat voelen en wiens aanwezigheid je geen vreugde brengt, denk dan na wat die persoon je waard is. Als je die negatieve energie kunt verwijderen, doe dat dan en voel je er niet slecht over. Je verdient het geluk.

NIEMAND KAN JE
MINDERWAARDIG
LATEN VOELEN
ZONDER JOUW
TOESTEMMING.

Eleanor Roosevelt

FOCUS OP DE DINGEN DIE JE KUNT BEÏNVLOEDEN

Heel veel dingen zijn onzeker, maar er zijn ook veel dingen die je kunt veranderen als je je ertoe zet. Als je je verloren voelt, zoek dan iets productiefs en gezonds waar je je energie in kunt steken, zoals yoga, schilderen of een vreemde taal leren. Je voelt je dan veilig omdat je over dat deel van je leven volledige controle hebt, wat rust en blijdschap geeft.

VERTROUW EROP
DAT ER GOEDE
DINGEN GAAN
GEBEUREN

NEEM EEN PAUZE

Doe het wat rustiger aan als je merkt dat je minder productief wordt. Het heeft geen zin iets te forceren als je niet geconcentreerd bent. Je wordt er juist angstig door en je zult allerlei smoesjes verzinnen om de taak te ontlopen. Als je gezond en productief wilt zijn, heeft je lichaam tijd nodig om weer op te laden, dus neem een break en pak de taak pas weer op wanneer je er de energie voor hebt.

PROFITEER OPTIMAAL VAN JE PRODUCTIVITEIT

Wanneer je je energiek en productief voelt, probeer dan zoveel mogelijk te doen. Maak een lijstje van alle dingen die je wilt bereiken, zorg dat je door niets wordt afgeleid, leg gezonde tussendoortjes en water klaar, en ga aan de slag. Na afloop ben je blij met het werk dat je hebt verzet en kun je het als beloning even rustig aan doen.

ALS JE MOE WORDT, LEER DAN UIT TE RUSTEN – GEEF NIET OP.

Banksy

LEER DELEGEREN

Als je te veel te doen hebt, delegeer dan een deel van je taken. Ook als je geen autoriteit hebt, kun je best anderen vragen of ze iets voor je willen doen – om hulp vragen is altijd verstandig. Wanneer de gelegenheid zich voordoet, help jij je collega weer uit de brand.

MAAK VAN JE PROBLEMEN MOGELIJKHEDEN

Misschien beschouw je iets wat niet volgens plan is gegaan als een probleem. Je sluit je dan echter af voor alle mogelijkheden die hierdoor zijn ontstaan. Als je bijvoorbeeld hebt gesolliciteerd op je droombaan en je krijgt hem niet, kun je de moed opgeven en je afgewezen voelen. Je kunt echter ook denken aan de mogelijkheden die je nu hebt! Misschien is een tussenjaar iets voor jou, kun je een carrièreswitch maken, of leer je van het proces en kun je je beter voorbereiden voor toekomstige sollicitaties. Misschien was de tijd niet rijp en lag het allemaal net iets gecompliceerder, maar als je openstaat voor de dingen die op het moment zelf mislukkingen lijken dienen zich wellicht spannende en onverwachte kansen aan.

Jij bent

rust

JE BENT GENOEG

Weet dat je genoeg bent – op dit moment, voor je familie en vrienden, voor je omgeving in het algemeen. Je hoeft aan niemand verantwoording af te leggen. Jij mag doen en laten wat je wilt.

WERK AAN JE AANDACHTSBOOG

Tegenwoordig kijken we constant op onze telefoon of er misschien berichtjes of mailtjes binnen zijn gekomen en scrollen we regelmatig door onze sociale media. Dit is funest voor onze aandachtsboog, waardoor we opzien tegen grote taken en we nerveus worden wanneer er niets binnenkomt. Om je aandachtsboog weer op het natuurlijke niveau te krijgen ga je tien minuten in een boek lezen zonder je telefoon te checken; de volgende dag doe je dat twintig minuten; bouw de tijd op tot je een uur kunt zitten lezen zonder de behoefte te voelen constant op je telefoon te kijken. Een langere aandachtsspanne maakt je rustiger en productiever.

Wees de zwijgende
toeschouwer
van je gedachten
en gedrag. Je
bent het Zijn
achter de denker.
Jij bent de
stilte achter het
mentale lawaai.
Jij bent de
liefde en vreugde
achter de pijn.

Eckhart Tolle

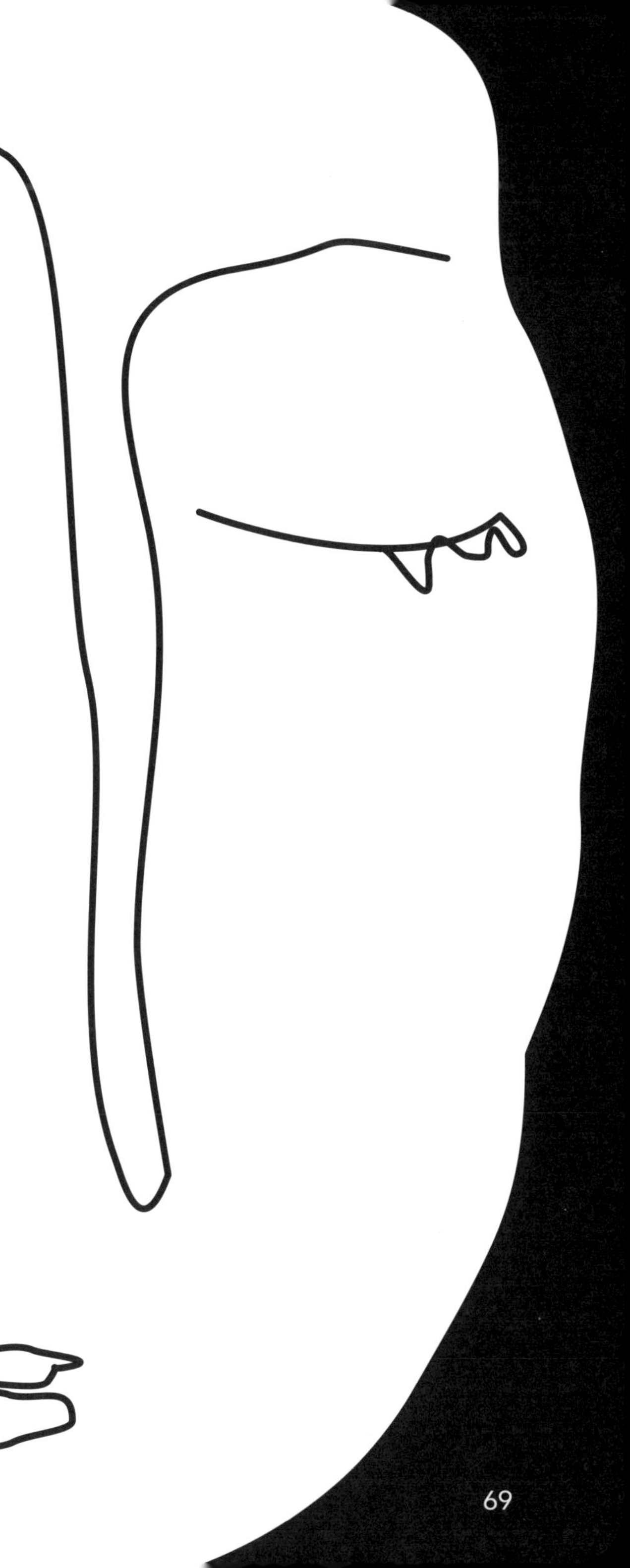

TREK GEEN OVERHAASTE CONCLUSIES

Denk niet dat alles wat je overkomt in het leven een betekenis heeft. Soms gebeuren dingen gewoon. Soms denken anderen gewoon niet na over wat ze doen – ze zijn vaak te zeer bezig met hun eigen uitdagingen, waardoor ze niet zien welk effect hun gedrag op jou heeft. Als je je bijvoorbeeld beledigd voelt door een vriend, probeer de situatie dan van een afstandje te bekijken.

Misschien til je te zwaar aan wat die persoon zei of deed. Als je denkt dat het aan jou lag, vertel je vriend dan hoe jij je voelt, zodat je verder kunt. En geef je vriend anders het voordeel van de twijfel en ga ervan uit dat hij of zij geen kwade bedoelingen had – de meeste mensen doen immers gewoon hun ding en zijn er echt niet op uit anderen te kwetsen, en al helemaal hun vrienden niet.

Wees geaard
en één met
de wereld

ZOEK IETS OM VAN TE HOUDEN

Als je je passie nog niet hebt gevonden, ga dan actief op zoek. Kijk naar het cursusaanbod bij jou in de buurt, of geef je op voor iets nieuws dat je aantrekkelijk lijkt. En wanneer je iets hebt gevonden waar je vrolijk van wordt, doe het dan met heel je hart.

Ik vergeet nooit dat gewoon er zijn al leuk is

Katharine Hepburn

LEER NIEUWE VAARDIGHEDEN

Als je hersens overactief zijn, proberen ze je misschien te vertellen dat ze gestimuleerd willen worden. Leer een nieuwe taal of leer een instrument bespelen, zodat je hersens zich moeten concentreren op iets nieuws en interessants, en zich niet kunnen bezighouden met de gebruikelijke zorgen. Daag jezelf intellectueel meer uit en je hersens zullen zich ook weer beter kunnen richten op de belangrijkere dingen in het leven.

UITSTELGEDRAG

Heel veel mentaal kabaal in je hoofd komt doordat je je zorgen maakt over de dingen op je to-dolijst. Tegen een taak aanhikken is vaak erger dan de taak werkelijk uitvoeren. Om rust in je hoofd te krijgen verdeel je de taak in heel kleine stukjes – stukjes die zo klein zijn dat je zeker weet dat je ze zonder problemen kunt afwerken. Tel af van vijf naar nul ter voorbereiding en begin dan direct. Als je die kleine taakjes voltooit, vermindert subiet de stress en besef je weer hoe capabel je bent. Misschien geeft het je zoveel voldoening dat je door wilt gaan en meer wilt doen; misschien doe je uiteindelijk zelfs de hele taak wanneer die is onderverdeeld in kleine taakjes. Zet je schrap en kwijt je van je taak, zodat je die kunt afstrepen en je meer rust krijgt.

STILTE
IN JE
HOOFD
IS EEN
KEUZE

DE VIJFSECONDEREGEL

Gun jezelf een time-out van de stress. Tel van vijf naar nul, laat je gedachten alle kanten opgaan, maar wanneer je bij nul bent laat je hetgeen dat je stress gaf los. Door dat aftellen denkt je geest dat het zijn zin krijgt en kun je je angstige gedachten laten gaan. En dan kun jij weer verder met je dag.

HET HOEFT NIET PERFECT

Je hoeft niet altijd alles perfect te doen, je hoeft er niet altijd perfect uit te zien of de perfecte werknemer/moeder/ vriendin te zijn. Niemand is perfect (als ze perfect lijken, is dat waarschijnlijk een knap toneelstukje), dus waarom zou jij dat wel moeten zijn? Neem de druk weg door te accepteren dat fouten heel gewoon zijn en opgelost kunnen worden – het is belangrijker dat je dingen gedaan krijgt, niet dat je absolute perfectie bereikt.

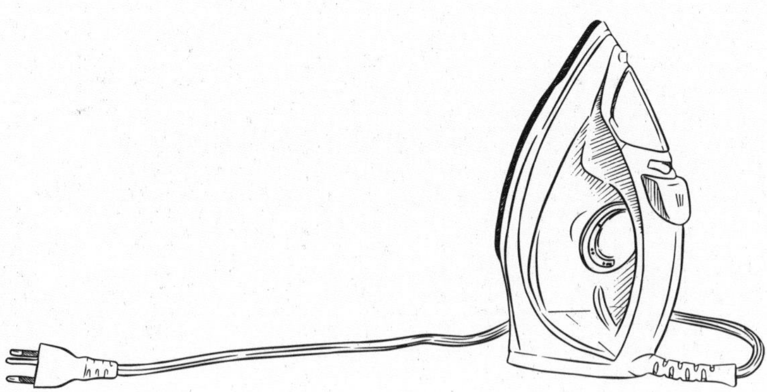

DE KRACHT VAN JE GEEST

KIJK NAAR HET POSITIEVE

Iedereen maakt zich er af en toe schuldig aan, maar klagen en jammeren over dingen die je niet zelf in de hand hebt, zorgt alleen maar voor meer stress en spanning. Daarnaast bezorg je de mensen om je heen ook nog eens extra stress! Als je er iets aan kunt doen, doe dat dan. Als dat onmogelijk is, zoek dan naar het positieve. Stel jezelf de volgende vraag: ben ik hier morgen nog steeds boos om, of volgende week, of volgend jaar? Of kan ik er dan om lachen? Als iets misgaat, erken dan kort wat er gebeurd is en lach erom als dat mogelijk is. Als je besluit het positieve in te zien van de dingen die je stress geven, heb je de situatie meer in de hand en kun je kalmer en productiever reageren. Daarna kun je doorgaan, je weet dat je de situatie hebt afgehandeld en je hebt geen kostbare tijd verspild aan dingen die onvermijdelijk waren.

Straal liefde en geluk uit

POSITIEVE VERANDERINGEN

Als je ontevreden bent met je huidige situatie is er eigenlijk altijd wel iets wat je kunt doen – zelfs als je denkt dat je machteloos bent of het niet kunt winnen. Doe iets om iets negatiefs om te zetten in iets positiefs – zoek de kleine dingen die je gelukkig maken en creëer een positieve omgeving.

EEN GEVOEL VAN KALMTE

Als je in paniek raakt door alle dingen die door je hoofd schieten, leid jezelf dan af met je zintuigen. Wat zie je nu? Wat ruik je nu? Wat kun je voelen? Wat kun je horen? Wat kun je proeven? Je geest wordt zo naar het hier en nu getrokken en kan zich niet meer richten op de dingen die om je heen gebeuren.

MAAK GEMOEDSRUST
TOT JE HOOFDDOEL

EN RICHT JE LEVEN
DAAROP IN.

Brian Tracy

VERWERP ONWAARSCHIJNLIJKE SCENARIO'S

Dus je hebt negatieve gedachten over iets dat misschien zou kunnen gebeuren. Denk er eens goed en logisch over na. Hoe waarschijnlijk is het dat dit scenario werkelijkheid wordt? Als je allerlei bewijs hebt dat het werkelijk gebeurt, bereid jezelf dan zo goed mogelijk voor; heb je dat bewijs niet, lach dan om het idee. Maak je niet druk over enge scenario's waar je alleen maar ellendiger van wordt.

Stop met piekeren; dat geeft geen rust

DOE AAN MINDFULNESS

Herinner je eraan in het hier en nu te leven en erken wat er om je heen gebeurt – zo voorkom je dat je gedachten nadelige wendingen nemen en dat je in paniek overhaaste beslissingen neemt. Wil je een snelle mindfulnessoefening? Stop dan meteen met wat je aan het doen bent en denk na over hoe je je van binnen en van buiten voelt, op dit moment. Of voer een handeling die je normaal doet eens langzamer uit – eten koken, je tanden poetsen – en besteed aandacht aan elke beweging. Volg een cursus of zoek een app als je mindfulness in je dagelijkse leven wilt inpassen.

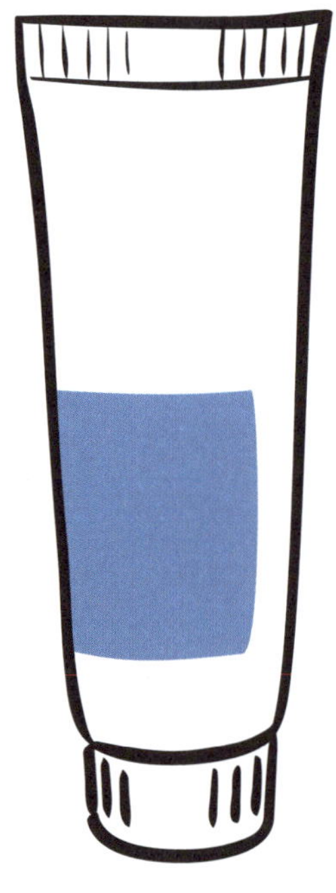

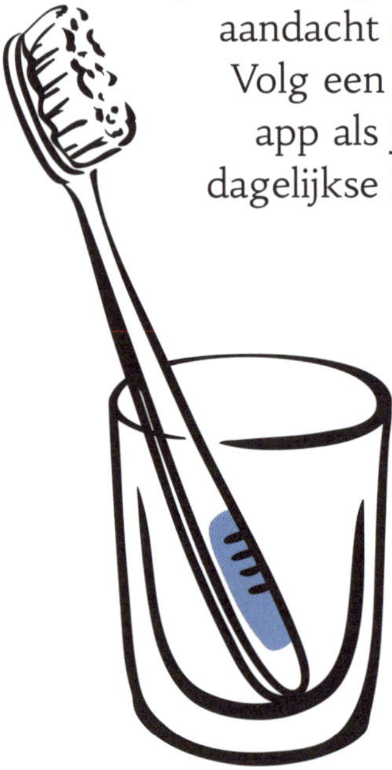

Voel je nooit schuldig om wat je graag wilt

ONDERSCHEID JE BEHOEFTEN VAN JE WENSEN

Wanneer je vergeet dat behoeften en wensen twee heel verschillende dingen zijn, kun je ontevreden en ongelukkig worden. Als je iets heel graag wilt, neem dan even de tijd om te bedenken hoe je je op dat moment voelt: wat heb je volgens je lichaam nodig? Als je bijvoorbeeld ontzettend graag een stuk taart wilt, bedenk dan eerst of dat is omdat je honger hebt en dat dat het eerste eetbare is waar je oog op valt, of omdat je behoefte aan suiker hebt? Denk daarna logisch na: je lichaam heeft misschien voedsel nodig, maar het heeft

beslist géén taart nodig. Doe wat goed is voor je lichaam: drink een groot glas water en kijk of je dan nog steeds trek hebt. Is dat het geval, neem dan iets voedzaams zoals een handje noten of een stukje fruit. Soms overlappen je behoeften en je wensen – dan denk je dat het hetzelfde is. Het is belangrijk dat je het gevoel leert herkennen. Als je aandacht aan je behoeften besteedt en ze bevredigt, krijg je absoluut meer rust in je hoofd omdat je je geest niet meer tevreden hoeft te stellen met dingen die je eigenlijk niet echt wilde.

“NEE”

ZEG NEE

Nee is een krachtig woord. Wees niet bang het te gebruiken als je het idee hebt dat je iets móét doen wat je liever niet doet. Het maakt niet uit waar het om gaat; als je je ongelukkig, gestrest of onplezierig voelt, zeg dan *nee*.

ZEG JA!

Het woord *ja* kan onverwacht deuren openen: misschien krijg je een nieuwe vriend(in), een nieuwe baan of een nieuwe ervaring. Zeg *ja* tegen een lunch met een collega met wie je normaal gesproken niet veel omgaat, of zeg *ja* tegen onbekende gerechten of activiteiten; wie weet vind je het geweldig.

Stille mensen
hebben de
luidste gedachten.

Stephen Hawking

PRAAT MET JE HYPERACTIEVE GEEST

Het lijkt misschien even gek, maar je geest probeert je er misschien gewoon aan te herinneren dat er iets moet gebeuren of dat je iets bent vergeten. Praat met je geest en luister naar wat je geest je wil zeggen. Zodra je je zorgen erkent, kunnen ze wegdrijven.

SCHRIJF JE ZORGEN OP

Denk eens goed na over de rampzalige scenario's die je hersens soms verzinnen. Schrijf ze op; schrijf ze letterlijk van je af of deel ze met anderen – bel ze op, vertel het persoonlijk of schrijf een brief. Je zult zien dat die scenario's een stuk minder realistisch en eng lijken.

Je verdient een leven vol rust

MAAK EEN OVERLEVINGSPLAN

Er zijn maar weinig zaken die werkelijk het einde van de wereld betekenen, maar voor het geval dat en voor je gemoedsrust kun je misschien beter maar een plan maken. Als je je zorgen maakt over iets wat je werkelijk zou kunnen overkomen, bedenk dan een realistisch overlevingsplan. Verlies je niet in 'wat als'-fantasieën. Bedenk een haalbare oplossing die je kunt toepassen als dat erge écht plaatsvindt.

WE WORDEN WAT

we denken.

Boeddha

VIND JE POSITIEVE STEM

Denk aan de stem in je hoofd. Steeds wanneer die stem iets wil zeggen wat niet helpt of wat negatief is, verander je hem. Zorg dat het de stem is van iemand tegen wie je op kunt – misschien is het een iel, zielig stemmetje dat je gemakkelijk kunt negeren of belachelijk kunt maken. Zeg dan met een duidelijke, vastberaden stem dat die eerste stem weg moet gaan; spreek daarna enkele positieve bevestigingen uit om de 'slechte' stem te overstemmen. Stuur alle constructieve, positieve gedachten naar die 'goede', vastberaden stem (misschien klinkt die positieve stem wel als een zelfverzekerder versie van jezelf of iemand van wie je houdt). Weldra hoor je de slechte gedachten niet meer, alleen die van de goede stem. Wie wil er nu ook luisteren naar die negativiteit als je ook voor zo'n sterk, krachtig en positief geluid kunt kiezen?

VECHTEN OF VLUCHTEN?

Soms springt je lichaam in de 'vechten of vluchten'-modus. Analyseer dan waarom je lichaam meende dat dat moest. Neem even afstand van de situatie en ga na of je reactie rationeel was of juist niet. Je kunt een dagboek bijhouden om te zien of er bepaalde patronen zijn en om bij te houden hoe je hersens reageren op bepaalde uitdagingen. Pas wanneer je weet wat er in je hersens gebeurt, kun je die reacties veranderen.

POSITIEF DENKEN

Je hoeft niet te focussen op negatieve uitkomsten. Oké, er is iets vervelends gebeurd. Laat je dag er niet door verpesten. Erken de situatie, haal je schouders op, lach erom en ga door. Je schiet er weinig mee op als je aan het negatieve vasthoudt.

Heb een fantastisch, kalm leven

TOON JE EMOTIES

Het is belangrijk je emoties te uiten en dat kan op allerlei goede manieren. Als het druk is in je hoofd, neem dan even de tijd om te luisteren naar die onrust. Waar denk je aan? Helpt het om even goed uit te huilen? Of heb je meer behoefte aan lachen? Wil je erover praten met een vriend(in) of therapeut, of het misschien opschrijven in je dagboek? Geef je lichaam en geest de tijd om de emoties die je op een dag voelt te verwerken. Het is immers geen schande om heftige emoties te voelen – of je nu rouwt om een overledene, zelfs nog jaren nadien, of dat je voortdurend boos bent. Als je je gevoelens opkropt, gaan ze echt niet zomaar weg. Erken die emoties, onderga ze volledig en laat ze dan los.

Ga er
nooit
van uit dat
luid
sterk is

en

rustig
zwak

VERTEL JE HOOFD WIE DE BAAS IS

Draai de rollen om. Je gedachten zijn jou niet de baas – het is precies andersom. Jij bent dominant. Jij bent de baas. Jij beheerst je gedachten. Vertel je hoofd dat het genoeg is geweest en dat jij nu weer het heft in handen neemt. Sla die nieuwe weg kalm en positief in.

WAAR JE JE
OOK ZORGEN
OVER MAAKT,
JIJ BENT
GROTER DAN
DE ZORGEN.

John Green

ZOU JE HET EEN VRIEND VERTELLEN?

Train jezelf in praktisch denken. Wees je bewust van opkomende negatieve gedachten of een slecht zelfbeeld en verplaats je in een vriend of familielid: wat zou die vriend of dat familielid vinden van hetgeen jij op dat moment denkt? Zou je je gedachten aan hem of haar vertellen? Waarom zou je ze dan wel tegen jezelf zeggen?

RUST EN STILTE

IK HEB DE KRACHT OM RUST IN MIJN HOOFD TE BRENGEN

RUST EN STILTE

Ontdek meditatie. Meditatie is een beproefd pad naar innerlijke vrede en een uitstekende manier om jezelf weer te vinden wanneer je overweldigd bent geraakt door het leven. Volg lessen of kijk een filmpje op internet waarmee je je overactieve hersens tot rust brengt, en neem de tijd om het serieus te proberen. Creëer een gezellige plek in je huis waar je kunt mediteren, een plek waar je je veilig en rustig voelt en waar je niet gestoord wordt. Er zijn verschillende manieren om te mediteren: bij sommige maan je je innerlijke stem tot stilte, bij andere vormen laat je je gedachten juist de vrije loop en observeer je wat er gebeurt. Experimenteer om te zien welke vorm van meditatie het best bij jou past.

CONTACT MET JE LICHAAM

Een andere manier om te mediteren is je lichaam volledig onder de loep nemen. Ga lekker liggen op een warme en rustige plek, waar je niet gestoord wordt. Neem je tijd en maak heel langzaam contact met je lichaam; ervaar hoe het voelt. Begin bij je hoofd en ga dan langzaam naar beneden; schenk aandacht aan elk afzonderlijk lichaamsdeel en merk elk pijntje en alle spanning op. Span je spieren aan en laat de spanning weer los. Voel hoe je lichaam steeds zwaarder wordt en hoe de vloer het gewicht van je lichaam ondersteunt. We nemen niet vaak genoeg de tijd om werkelijk te ervaren hoe de verschillende delen van ons lichaam zich voelen, waardoor dit een rustgevend en meditatief ritueel kan zijn dat gemakkelijk in je dagelijkse routine in te voegen is.

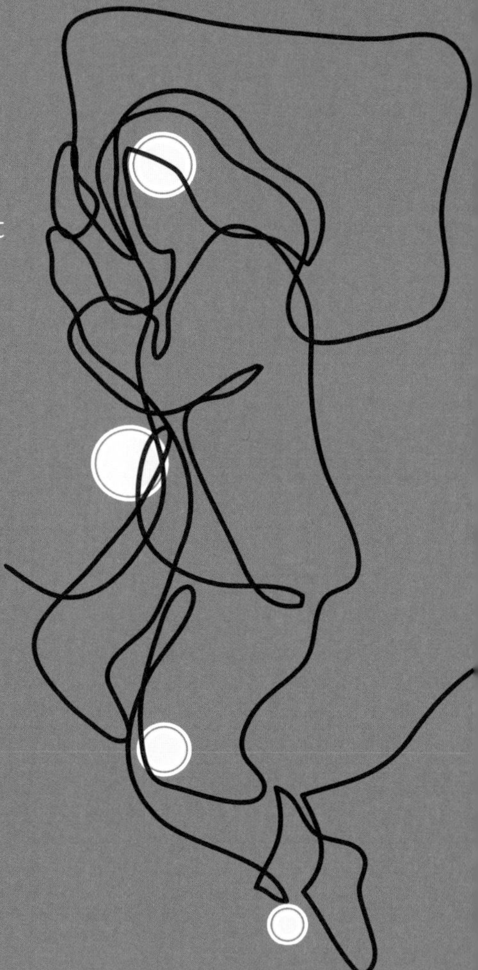

GA UIT JE HOOFD

IN JE HART.

Denk minder na, voel meer.

Osho

VIND JE CENTRUM

De volgende keer dat je voelt dat je gedachten met je op de loop gaan, haal je diep adem en adem uit; tel langzaam tot drie. Concentreer je op je adem en op het tellen, breng je bewustzijn terug naar je lichaam – weg van onproductieve denkpatronen. Dit is een van de snelste en gemakkelijkste manieren om een drukke geest te onderbreken en tot kalmte te manen. Als het tellen niet werkt, kun je enkele seconden denken aan iets wat je rustgevend vindt – een leeg strand of een kabbelend riviertje misschien.

KNUFFEL EROP LOS

Vraag een vriend of familielid om een knuffel! Als je anderen omhelst, komt er een gelukshormoon vrij dat je ontspant en dat relaties versterkt. Zo herinner je de ander er niet alleen aan dat je van hem of haar houdt, maar krijg je zelf ook een groot gevoel van geluk en sereniteit.

EEN RUSTIGE GEEST HOORT INTUÏTIE STERKER

DAN ANGST

DOE WAT JE WILT

Luister niet naar wat je wel en niet zou moeten doen. Soms vind je het pad naar een rustiger geest simpelweg door te doen wat je wilt en een manier te ontdekken die voor jou werkt, of anderen het er nu mee eens zijn of niet. De enige regels zijn dat het veilig, legaal en gezond moet zijn – alle overige regels mag je negeren!

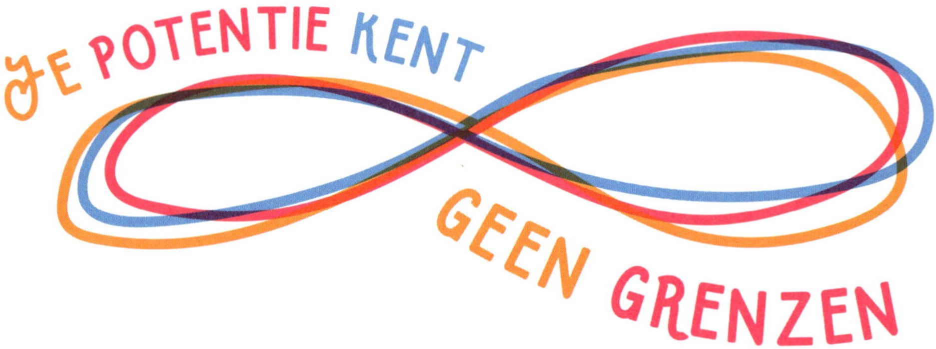
JE POTENTIE KENT
GEEN GRENZEN

LACH GEWOON!

Koop kaartjes voor een optreden van een komiek die je leuk vindt of ga naar een voorstelling van een cabaretier. Kijk een film waar je om moet lachen en klets met een oude vriendin over de streken die jullie vroeger uithaalden. Herinner je eraan dat het leven helemaal zo slecht niet is en dat de wereld vol lol, gein en positiviteit zit.

BEWEEG OM JE HOOFD HELDER TE MAKEN

Ga een paar keer per week een eindje rennen, zwemmen of fietsen. Als je je hoofd leeg wilt maken, zijn lekker bewegen en frisse lucht ideaal. Als je meent dat je geen tijd hebt om te sporten, verander je gewoontes dan heel geleidelijk: stap een halte eerder uit en fiets naar kantoor in plaats van de auto te pakken.

BLIJF BANG, MAAR DOE HET TOCH.
Carrie Fisher

NAAR BUITEN EN BEWEGEN MAAR!

Ga een middag wandelen langs het strand, of in een nabijgelegen bos of op een andere mooie plek. Geniet van het kijken naar de vogels in de bomen en de lucht, naar vissen in het water, naar alle andere dieren die je onderweg misschien tegenkomt. Zoek een mooie steen, tak of schelp en leg die in je huis – als aandenken aan de fijne, rustgevende tijd die je buiten doorbracht. Bewonder je omgeving en neem de kleinste details in je op: de fluitende vogels, de frisse lucht en de zon op je huid, de wind in je haar, het geluid van zand of grind onder je voeten. Laat het je verfrissen en energie geven. Je geeft je geest de tijd dingen goed te overdenken en door te bewegen komen er positieve hormonen vrij.

Ik voel van binnen een vrede die alle aardse aanzien te boven gaat: een kalm en gerust geweten.

William Shakespeare

PUT JEZELF UIT

Rustige lichaamsbeweging heeft zeker zin, maar er is niets fijner dan een intensieve training om je lichaam en geest te vermoeien. Stop een paar pittiger oefeningen in je wekelijkse routine, zoals circuittraining, en je zult al snel merken dat je hersens te prettig uitgeput zijn om over je zorgen na te denken.

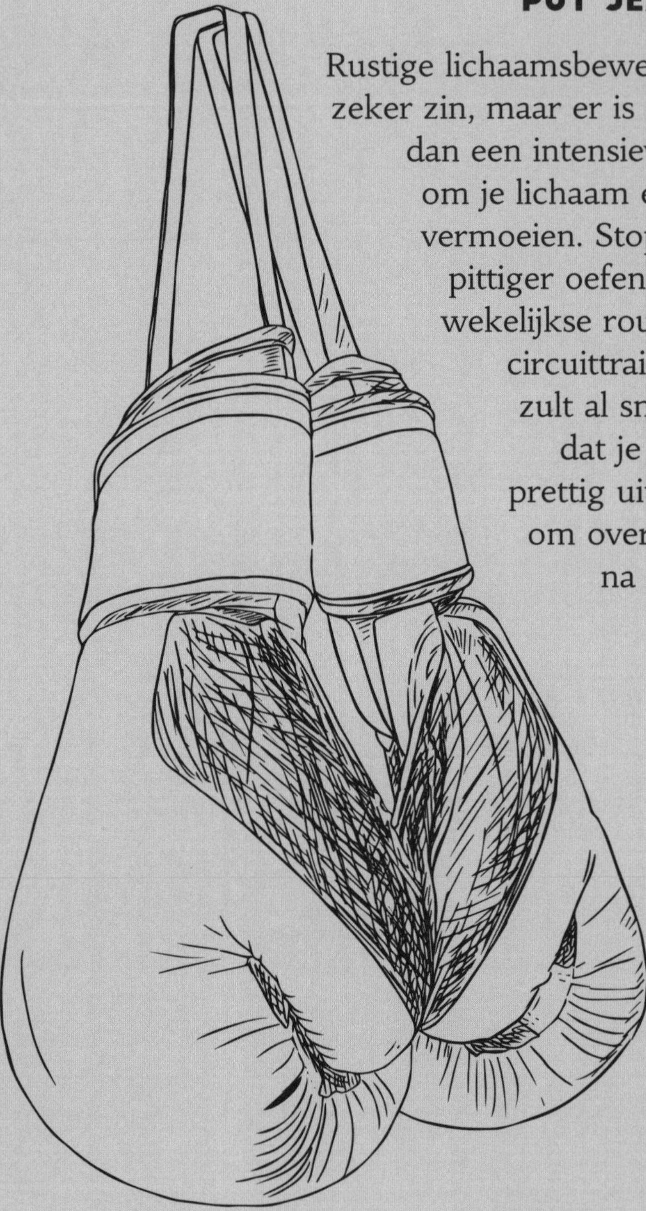

PROBEER EENS YOGA

Yoga is een rustige vorm van bewegen, maar wel een die je kracht en flexibiliteit vergroot, je spieren oprekt, en je kalm en ontspannen maakt – de perfecte oefening voor een overactieve geest. Zoek lessen in de buurt of probeer een instructiefilm op internet, zodat je thuis in alle rust enkele basishoudingen en -bewegingen kunt oefenen.

WEES NIET
BANG OM TE
floreren

OEFEN VISUALISATIE

Beeld je in dat je ergens bent waar je tot rust komt: in een grasland, op een bootje op een meer, op een wolk in de blauwe lucht. Stel je voor dat je de gedachten die je plagen en het overbodige gekakel in je hoofd vastpakt. Stop vervolgens die gedachten in een ballon of een zeepbel, of verander ze in een bloemblaadje – laat het los. Laat de wind het meenemen en kijk het na; laat de gedachten in de verte verdwijnen en onbelangrijk worden. Zeg tegen jezelf dat die gedachten je niet meer kunnen lastigvallen. Telkens wanneer je hoofd vol raakt met onnodige zorgen, ga je terug naar deze plek. Weet dat je altijd terug kunt keren op deze veilige plek, waar alle negatieve gedachten worden verbannen en jij kunt ontspannen.

LEID JE GEEST AF

Wanneer je geest zich fixeert op negatieve gedachten of in paniek raakt, is dit een truc die je overal kunt gebruiken, in elke situatie, voor directe afleiding. Sluit je ogen en kijk wat er werkelijk is. Vaak is het niet volledig zwart, maar zie je ook andere kleuren en wervelende patronen en vormen. Laat je geest verdwalen in dit hypnotiserende fenomeen en besteed geen aandacht meer aan je drukke gedachten.

STILTE
IS NIET LEEG,
HET ZIT VOL
ANTWOORDEN

ADEMHALINGSOEFENINGEN

Afwisselend door je linker- en je rechterneusgat ademen zorgt ervoor dat je je niet meer richt op je dagelijkse zorgen en maakt je bewust van je lichaam. Duw één neusgat zachtjes dicht en adem drie tellen rustig in; laat dit neusgat los, duw het andere zachtjes dicht en adem drie

tellen uit door de andere kant. Wacht even, adem in door dezelfde kant en uit door de andere kant. Je kunt proberen steeds in langer in en uit te ademen, zodat je je algehele ademhaling vertraagt. Herhaal elke dag enkele keren of wanneer je het nodig vindt je hartslag omlaag te brengen.

De inspiratie die je zoekt,
kun je in jezelf vinden.
Wees stil en luister.

Rumi

SLUIT VREDE MET JEZELF

LEER VAN JEZELF HOUDEN

Het is heel normaal om kritisch te kijken naar je vroegere zelf, maar probeer jezelf al je vermeende fouten te vergeven – accepteer wie je was en wie je nu bent. Iedereen maakt fouten wanneer hij opgroeit; zo leer je en ontwikkel je je als mens. Wees dankbaar voor je verleden: het heeft je gemaakt tot wat je nu bent. Zet de dingen die je beschouwt als je zwakheden uit het verleden om in sterke punten. Misschien was je als tiener niet in staat je tijd goed in te delen – bedank je vroegere ik voor het maken van die fout, want hierdoor weet je huidige ik wél hoe het moet. Erken dat jij de enige persoon bent die jouw leven kan leiden. Geef jezelf waardering voor wat je tot nog toe bereikt hebt. Onthoud dat het zinloos is jezelf te vergelijken met anderen: anderen hebben het misschien anders gedaan, maar niet per se beter. Er is maar één jij – neem de tijd om de persoon die je bent geworden lief te hebben voor al die ervaringen uit het verleden.

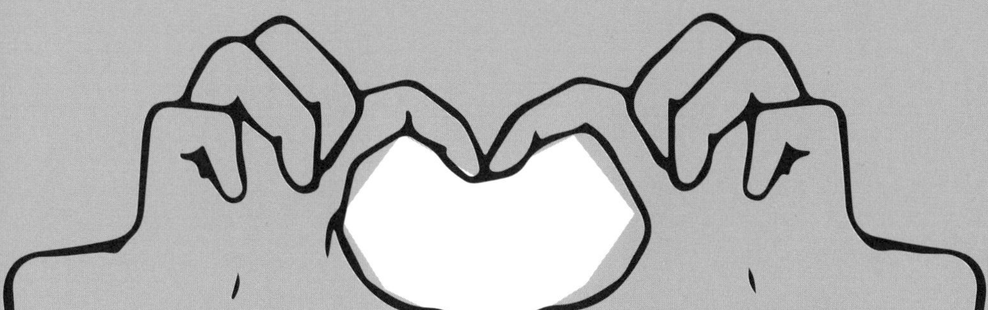

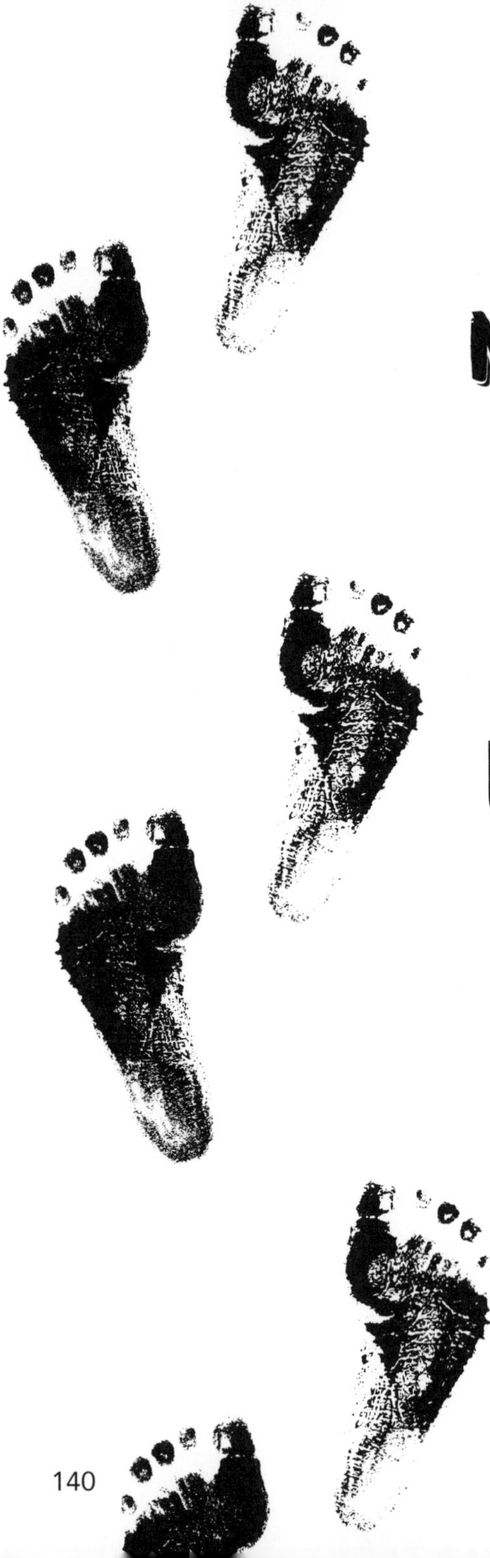

Ik zal niemand mijn gedachten laten betreden met zijn vieze voeten.

Mahatma Gandhi

LAAT HET VERLEDEN HET VERLEDEN

De tijd kun je nu eenmaal niet terugdraaien, en de momenten waarover je lang blijft piekeren, blijken achteraf vaak veel minder belangrijk. Leer van ervaringen uit het verleden, maar sta niet te lang stil bij dingen die niet productief zijn. Laat het verleden los.

DOE IETS AAN HARDNEKKIGE GEDACHTEN

Als je steeds maar weer terugdenkt aan een specifieke gebeurtenis of persoon, probeer dan te bedenken welke kwestie hier opgelost moet worden. Je onderbewustzijn heeft misschien afsluiting of vergeving nodig, dus als je maatregelen kunt nemen om eventuele slechte gevoelens die je vasthoudt te verlichten, doe dat dan. Misschien heb je de behoefte je excuses aan te bieden aan iemand die je niet goed hebt behandeld of wil je contact opnemen met een oude vriend?

ALS JE
JE DRUK
MAAKT OM
WAT
ANDEREN
DENKEN,
ZUL JE
ALTIJD
HUN GEVANGENE
ZIJN.

Lao Tzu

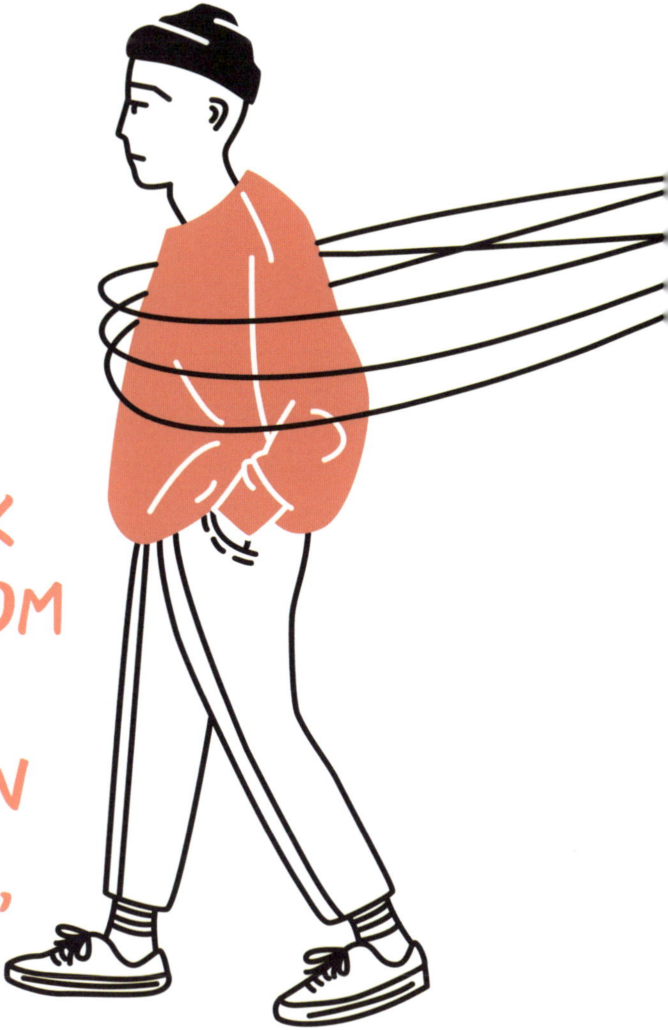

JE KUNT NIET TERUGGAAN EN HET BEGIN VERANDEREN, MAAR JE KUNT BEGINNEN WAAR JE NU BENT EN DE UITKOMST VERANDEREN.

C. S. Lewis

JE BENT HET WAARD

Wanneer je je zorgen maakt, kun je eenvoudig in een neerwaartse spiraal belanden, die vaak als gevolg heeft dat je denkt dat je niets kunt of niets waard bent. Laat die gedachten niet de overhand krijgen. Jij verdient liefde, geluk en succes. Weet dat je het waard bent en geloof daar ook in!

JE DOET DE
DINGEN IN JE
EIGEN TEMPO EN
DAT IS PRIMA

LAAT HET LOS

Als je het niet eens bent met iets wat een ander zegt of vindt, is het maar al te gemakkelijk voor je hersens om in actie te komen en te proberen die ander te 'corrigeren' of boos te worden. Probeer open te staan voor andermans overtuigingen. Je hoeft het er niet mee eens te zijn, maar als de ideeën van anderen je leven niet echt beïnvloeden, is het onverstandig je er al te fanatiek op te storten. Laat anderen geloven wat ze willen en zeg tegen je hoofd dat het oké is om de zaak los te laten.

STA OPEN VOOR MOGELIJKHEDEN

EEN GOEDE DAAD

Doe iets aardigs voor een ander. Iedereen heeft op zijn tijd zo zijn problemen, dus als jij iemand anders kunt helpen, word je niet alleen beloond met het prettige besef dat je wat voor een ander hebt kunnen doen – je versterkt ook de band met je medemens, die jou wellicht kan helpen wanneer jij dat nodig hebt.

MIJD NEGATIEVE MENSEN;

ZIJ HEBBEN EEN PROBLEEM VOOR ELKE OPLOSSING.

Albert Einstein

ZEG VAKER 'DANK JE WEL'

Vaak beseffen we niet eens aan wie we het te danken hebben dat we het weer gered hebben. Door vaker 'dank je wel' te zeggen en heel bewust het goede te waarderen ben je een heel eind op weg naar een positievere en meer ontspannen kijk op het leven.

STREEF
ERNAAR STIL
TE ZIJN
MET ANDEREN

Henry David Thoreau

BRENG TIJD DOOR MET VRIENDEN EN FAMILIE

Een al te drukke geest kun je vaak stilzetten en tot rust brengen door het gezelschap van anderen. Omring jezelf met mensen die van je houden en je het allerbeste wensen. Je merkt dan meteen dat je geest kalmer wordt doordat jij je richt op de mensen die je liefhebt. Als dat niet het geval is, probeer hun dan te vertellen wat je dwarszit. Misschien hebben ze goede raad of oplossingen waar jij niet aan gedacht hebt. Als

je je zorgen deelt met anderen, kun je je richten op het oplossen van de problemen die door je hoofd blijven malen – of je slaagt erin de dingen in een nieuw licht te zien, waardoor je perspectief krijgt. In een gezonde vriendschap of familierelatie bestaat onvoorwaardelijke liefde, steun en aanmoediging, en het gezelschap van mensen die je koesteren zou je geest de noodzakelijke rust moeten brengen.

MEDISCH ADVIES

Heb je de laatste bladzijden van dit boek bereikt en de ideeën en technieken geprobeerd? Heb je nu nog steeds niet de indruk dat het rustiger is in je hoofd? Misschien is het dan nu tijd om professionele hulp in te schakelen. Maak een afspraak met je huisarts. Wees eerlijk en vertel hem of haar alles – een huisarts zal je verhaal nooit raar vinden. Hoe meer details je kunt geven, des te groter de kans is dat je een therapie vindt die voor jou geschikt is.

VERANTWOORDING

blz. 5 – aquarel © Katerina Izotova Art Lab/Shutterstock.com
blz. 6 – achtergrondpatroon © Tasiania/Shutterstock.com
blz. 7 – thee en citroenen © Alona K/Shutterstock.com
blz. 8 – handen en koffie © cosmaa/Shutterstock.com
blz. 9 – illustratie man en hoofd © Isaeva Anna/Shutterstock.com
blz. 10 – stilte-icoon © iconvectorstock/ Shutterstock.com
blz. 11 – bouwstenenicoon © Dmitry Guzhanin/Shutterstock.com
blz. 12 – illustratie hond © Alexander Baidin/Shutterstock.com
blz. 13 – slaapkamer © Miuky/Shutterstock.com
blz. 14–15 – crea-illustratie © cosmaa/Shutterstock.com
blz. 16 – drijvende persoon © Alexander Baidin/ Shutterstock.com
blz. 17 – stoel en plant © cosmaa/ Shutterstock.com blz. 18 – planeet en koptelefoon © Siarhei Tolak/Shutterstock.com
blz. 19 – zanger © cosmaa/Shutterstock. com blz. 20–21 – zomerlandschap © KostanPROFF/Shutterstock.com
blz. 22–23 – groenten © Tasiania/ Shutterstock.com
blz. 24 – sandwiches © Alona K/Shutterstock.com
blz. 25 – kommen noedels © Tasiania/Shutterstock.com
blz. 26 – tekst en illustratie bestek © Veronika M/Shutterstock.com
blz. 27 – bank en plant © cosmaa/Shutterstock.com
blz. 28 – hersens en maskeer © Honza Hruby/Shutterstock.com
blz. 29 – achtergrond © Yurta/Shutterstock.com
blz. 30 – © Luci Ward
blz. 31 – gamers © Dmi T/Shutterstock.com
blz. 32 – koelkast © MihTu Viho/ Shutterstock.com; geeltje – © Luci Ward
blz. 34 – yoga-afbeelding © Anna Khramova/ Shutterstock.com
blz. 35 – patroon © Yurta /Shutterstock.com
blz. 36 – vaat © Eduard Radu/ Shutterstock.com
blz. 37 – bomen © cosmaa/Shutterstock.com
blz. 38 – achtergrond © TairA/Shutterstock.com
blz. 39 – bad en douche © chelovector/ Shutterstock.com
blz. 40 – aquarel kat © Elina Li/ Shutterstock.com
blz. 41 – groenteontwerp © Evellean/ Shutterstock.com
blz. 42 – afbeelding ballon © trentemoller/ Shutterstock.com
blz. 43 – blad © helterskelter/Shutterstock.com
blz. 44–45 – slaapkamerillustratie © anon_tae/ Shutterstock.com
blz. 46 – tropisch patroon © Tasiania/ Shutterstock.com
blz. 47 – afbeelding meisje © amesto/Shutterstock.com
blz. 48 – nee-icoon © cosmaa/Shutterstock.com
blz. 49 – schilderpatroon © Tasiania/Shutterstock.com
blz. 50–51 – emoji's © cosmaa/Shutterstock.com
blz. 52–53 – aquarel achtergrond © Katerina Izotova Art Lab/Shutterstock.com
blz. 54–55 © Luci Ward
blz. 56 – ruziënd stel © Isaeva Anna/ Shutterstock.com
blz. 58 – yogameisje © Tasiania/Shutterstock.com
blz. 59 – kleurrijk veld © Tithi Luadthong/Shutterstock.com
blz. 60 – strandscène © YashkovskiyMD/ Shutterstock.com
blz. 61 – illustratie to-do © liravega/Shutterstock.com
blz. 62 – afbeelding lifter © Tithi Luadthong/ Shutterstock.com
blz. 63 – reddingsboei © Vitaly Art/Shutterstock.com
blz. 64–65 – afbeelding sterrenstof © Tithi Luadthong/ Shutterstock.com
blz. 66 – afbeelding lotus © Elina Li/Shutterstock.com
blz. 67 – afbeelding handen en harten © Alenka Karabanova/Shutterstock.com
blz. 68 – telefoons © Alexander Baidin/ Shutterstock.com
blz. 69 – vrouwengezicht © olga kryukova/ Shutterstock.com
blz. 70–71 – mensen © Decorwithme/ Shutterstock.com
blz. 72 – bloemen en gras © Cat_ arch_angel/ Shutterstock.com
blz. 73 – hart © marysuperstudio/Shutterstock.com
blz. 75 – instrumenten © danjazzia/Shutterstock.com
blz. 76–77 – chocolade © kirpmun/ Shutterstock.com
blz. 78 – koptelefoon © kirpmun/Shutterstock.com
blz. 79 – kleurvlakken © Petrianova/ Shutterstock.com
blz. 80 – strijkbout © kirpmun/Shutterstock.com
blz. 81 – hoofd © danjazzia/Shutterstock.com
blz. 82–83 –verrekijker meisje © cosmaa/ Shutterstock.com
blz. 84 – kleurencirkel © MicroOne/ Shutterstock.com

blz. 85 – afbeelding bakken © helterskelter/ Shutterstock.com
blz. 86 – handn © Tasiania/Shutterstock.com
blz. 87 – aquarel vormen © Isaeva Anna/ Shutterstock.com
blz. 88 – prullenbak © Lemonade Serenade/ Shutterstock.com
blz. 89 – wolk achtergrond © Flas100/ Shutterstock.com
blz. 90 – tandenborstels © Essl/Shutterstock.com
blz. 91 – donuts ©kirpmun/Shutterstock.com
blz. 92 – taart © kirpmun/Shutterstock.com
blz. 93 – mango © kirpmun/Shutterstock.com
blz. 94–95 – tekstballon © Isaeva Anna/ Shutterstock.com
blz. 96 – bloemenachtergrond © dinadankersdesign/ Shutterstock.com
blz. 97 –communicerende mensen © Diego Schtutman/Shutterstock.com
blz. 98 – telefoon © kirpmun/Shutterstock.com
blz. 99 – katten © Tasiania/Shutterstock.com
blz. 100 – reisartikelen © chekart/Shutterstock.com
blz. 101 – poema © Dasha D/Shutterstock.com
blz. 102 – megafoonpersoon © Alexander Baidin/Shutterstock.com
blz. 104 – duivenachtergrond © liskus/ Shutterstock.com
blz. 105 – duim omhoog ©dmpank/Shutterstock.com
blz. 107 – gezicht achtergrond © liskus/ Shutterstock.com
blz. 108 – kat en muis © lineartestpilot/ Shutterstock.com
blz. 109 – hersens en afstandsbediening © lineartestpilot/ Shutterstock.com
blz. 110 – achtergrondpatroon © marysuperstudio/ Shutterstock.com
blz. 111 – lippen © lineartestpilot/Shutterstock.com
blz. 112 – parasol en strandstoelen © kirpmun/ Shutterstock.com
blz. 113 – denkende vrouw © GoodStudio/ Shutterstock.com
blz. 115 – mediterend persoon © GoodStudio/ Shutterstock.com
blz. 116 – slapend persoon © one line man/ Shutterstock.com
blz. 117 – balans hersens en hart © Sudowoodo/ Shutterstock.com
blz. 118 – boot in rietland © KostanPROFF/ Shutterstock.com
blz. 119 – knuffelend stel © GoodStudio/ Shutterstock.com
blz. 120 – hondenschets © Isaeva Anna/ Shutterstock.com
blz. 121 – weg © RomanYa/Shutterstock.com
blz. 122 – © Luci Ward
blz. 123 – gezicht © Marish/Shutterstock.com
blz. 124 – fiets © Tasiania/Shutterstock.com
blz. 125 – paraglider © kstudija/Shutterstock.com
blz. 126 – vage brug © Tithi Luadthong/ Shutterstock.com
blz. 127 – wolkenpatroon © Alona K/Shutterstock.com
blz. 128 – bokshandschoenen © kirpmun/ Shutterstock.com
blz. 129 – yogahoudingen © Tasiania/Shutterstock.com
blz. 130 – bloemen © GoodStudio/Shutterstock.com
blz. 131 – boot © Yurta/Shutterstock.com
blz. 132 – achtergrondpatroon © Tasiania /Shutterstock.com
blz. 133 – wijzende vinger © VectorPixelStar/ Shutterstock.com
blz. 134–135 – neuzen © Daniela Barreto/ Shutterstock.com
blz. 136 – koptelefoon © GoodStudio/ Shutterstock.com
blz. 137 – yin en yang © VectorHappy/ Shutterstock.com
blz. 139 – hart en handen © GoodStudio/Shutterstock.com
blz. 140 – voetstappen © Lumitar/Shutterstock.com
blz. 141 – kussenwekker © Doremi/Shutterstock.com
blz. 142 – vrouw en planten © GoodStudio/Shutterstock.com
blz. 143 –illustratie jongen © GoodStudio/ Shutterstock.com
blz. 144 – afbeelding maan © Dimonika/ Shutterstock.com
blz. 145 – giraf © Sloth Astronaut/Shutterstock.com
blz. 146 – lopende mensen © Tithi Luadthong/Shutterstock.com
blz. 147 – ballon © Stmool/Shutterstock.com;
blz. 148 – lamp © Alexander Baidin/Shutterstock.com
blz. 149 – tuinierend meisje © Tasiania/ Shutterstock.com
blz. 150 – mensen © GoodStudio/Shutterstock.com
blz. 151 – bedanklint © Forest Foxy/ Shutterstock.com
blz. 152 – koikarper © Nikita Konashenkov/ Shutterstock.com
blz. 153 – raaf © Tanya Semina/Shutterstock.com
blz. 154–155 – mensen aan tafel © GoodStudio/ Shutterstock.com
blz. 156–157 – stethoscoop © PedroNevesDesign/ Shutterstock.com

De uitgever heeft geprobeerd alle rechthebbenden van het in dit boek gebruikte materiaal te achterhalen. Mochten er fouten zijn gemaakt en/of mocht er informatie ontbreken, dan zal de uitgever zijn best doen die in toekomstige herdrukken en edities te corrigeren en/of aan te vullen.

Beste lezer,

Wij hopen dat je genoten hebt van deze uitgave.

Voor meer titels uit deze serie of informatie over andere uitgaven van Lantaarn Publishers kun je terecht op

WWW.LANTAARNPUBLISHERS.NL